Lass Dich nicht länger bevormunden!

DR. MED. GÜNTER SEIBOLD

Lass Dich nicht länger bevormunden!

Aufruf zum Widerstand

Bilbliografische Information der Deutschen Nationalbibliothek:
Die Deutsche Nationalbibliothek verzeichnet diese Publikation in der
Deutschen Nationalbibliografie:
Detaillierte bibliografische Daten sind im Internet über
http://dnb.d-nb.de abrufbar.

Umschlagdesign, Satz, Herstellung und Verlag:
BoD – Books on Demand, Norderstedt
ISBN: 978-3-7481-0942-6

Einleitung

Das Maß des Erträglichen ist voll! Von allen Seiten werde ich als Privatperson und Bürger gegängelt und bevormundet.

Die Kirche will mir diktieren, was und an wen ich zu glauben habe, wen ich als Autorität akzeptieren soll und wen nicht, und verlangt dabei bedingungslosen Gehorsam ohne Hinterfragen von Regeln und Dogmen.

Der Staat diktiert mein Leben bis ins Detail hinein, und würde am Liebsten auch noch alle meine Gedanken kontrollieren, dominieren und manipulieren.

Das Kartell der Juristen legt meiner Meinung nach willkürlich und für die meisten von uns nicht nachvollziehbar fest, was wir als richtig und falsch hinzunehmen haben, und hat sich dabei wie ein wucherndes Krebsgeschwür in alle Bereiche unserer Gesellschaft hineingefressen. Wie eine Boa constrictor hat uns die Riege der Paragraphenreiter und semantischen Haarspalter im kollektiven Würgegriff und bildet mit dem uns allen bekannten »Trio infernale« Legislative, Exekutive und Judikative mittlerweile unübersehbar eine Diktatur in unserem Lande, wo angeblich eine Demokratie existieren soll (die ich aber irgendwie nicht so richtig mitbekomme).

Die Politik legt fest, was in unserem Land geht und was nicht, und macht sich inzwischen nicht einmal mehr die Mühe, zu verbergen, dass alle politischen Entscheidungen nur noch dem Geldfluss multinationaler Konzerne folgen. Und deren Lobbyisten – in deren Anzahl 4 mal mehr als Bundestagsabgeordnete mit freiem Zugang zum Bundestag! – schreiben sich ihre passenden Gesetze gleich selbst, welche dann von unserer sogenannten Bundesregierung brav nur noch abgenickt werden.

Und dann wollen wir natürlich nicht den gigantischen Einfluss – oder vielleicht besser die Meinungsdiktatur? – unserer GEZ-Zwangs finanzierten Massenmedien vergessen, die uns pausenlos rund um die Uhr mit unnützen »Informationen« terrorisieren, welche nichts anderes als Propaganda sehr flexiblen Inhalts darstellen. Es wird über alles berichtet, was gerade en vogue ist, und wie wir Bürger zu dem jeweiligen Thema zu stehen haben. Hier haben wir eine Diktatur der »political correctness«, welche komplett ignoriert, dass wir immer noch ein Grundgesetz haben, welches uns das Recht auf eine freie Meinung einräumt. Ein Grundsatz, welcher auch immer wieder höchst richterlich bestätigt wird. Aber die Massenmedien sorgen in einem erschreckenden Ausmaß dafür, dass dieses Grundrecht ausgehöhlt wird. Indem zum Beispiel das Äußern einer unerwünschten Meinung zu einer regelrechten Hexenverfolgung führt. Die Massenmedien sind hier ganz offensichtlich in die Fußstapfen der Inquisition getreten (wobei die Kirche sich diese über die Jahrhunderte bewährte Institution nicht nehmen lassen will). Einziger Unterschied zu früher ist, dass die Meinungsabweichler nicht mehr auf dem Scheiterhaufen verbrannt werden, sondern durch tendenziöse Berichterstattung öffentlich hingerichtet werden. Da kommt es dann schon mal zu einem flexiblen Umgang mit Tatsachen, ganz nach dem Motto »komm mir nicht mit Fakten, wo ich doch schon eine feststehende Meinung habe«.

Auch im Sektor Gesundheit und Medizin werden wir – als potentielle – Patienten von den Meinungsmachern unter dem Tarnmäntelchen der Wissenschaftlichkeit entmündigt. Da wird uns in zahlreichen Studien mehr oder weniger zweifelhafter Herkunft berichtet, was gesund und was ungesund ist, wie wir zu leben haben, was wir zu uns nehmen sollen und was wir besser lassen sollen, wie wir uns bewegen, ernähren und entspannen sollen. Ganz ehrlich? Kein wissenschaftlich getarnter Klugscheißer weiß, was mir gut tut und was mir schadet. Ich bin überzeugt davon, dass Avocados vermutlich grundsätzlich in der Ernährung und bei Pflegeprodukten eine gute Wahl sind. Das Dumme ist nur, dass sie bei mir heftige Entzündungsreaktionen auslösen. Was will ich damit sagen? Auch beim Thema Gesundheit gilt das Motto: prüfe gerne alles, aber behalte davon nur das, was Dir auch wirklich gut tut, und was sich für Dich persönlich richtig und stimmig anfühlt.

Und ganz grundsätzlich gilt meiner Meinung nach (darf ich die überhaupt noch haben?): ein Experte – gleich zu welchem Thema – hat auch nicht mehr Ahnung vom Leben als Sie und ich. Seien Sie Ihr eigener Experte und legen Sie all den Informationsmüll der Manipulatoren auf den Prüfstand Ihres gesunden Menschenverstandes.

Jetzt wollen wir uns ein paar Gedanken zu den vorgenannten Themen machen, die zum selbständigen Denken und zur eigenen Meinungsbildung beitragen können (ich weiß, heutzutage ist selbst denken ganz verpönt, aber ich bin nun mal bekennender Ketzer).

Zum Warmwerden fangen wir doch mal mit dem netten Thema »Behörden und ihr Umgang mit dem Bürger« an. Ein Beitrag in Gedichtform nach dem Motto: »Reim Dich oder ich fress`Dich«.

1
Deutscher Bürger
armes Schwein

Von der Wiege bis zur Bahre,
Gesetze, Regeln, Formulare.
Hier sitz´ich nun, ich armer Tor,
und komm´mir täglich dümmer vor.
Ich fühl´mich wie ein armes Schwein,
die Bürokratie bei uns – muss die denn sein?
Ich bin doch nur ein armer Hund,
getreten von Bürokraten ohne Grund.
Demokratie, das wäre schön,
hab´ich hier bloß noch nie gesehn.
Behörden diktieren mein Leben,
fast täglich Formulare sie mir geben.
Mehr Paragraphen als Bürger,
der Staat, ein tödlicher Würger.
Erstickt des Bürgers Lebensfreude,
für die Behörden täglich fette Beute.
Sie fressen sich in Dein Leben hinein,
versetzen Dich ständig in große Pein,
traktieren Dich täglich mit inbrünst´ger Lust,
und weiden sich täglich an Deinem Frust.
Liegst Du am Boden, dann treten sie nach,
benehmen sich wichtig und halten Dich schwach.
Gegen diese Teufel sich wehren,
stachelt sie an, Dich ganz zu zerstören.
Sie fühlen sich wichtig,
nur sie liegen richtig,

Du bist der Narr,
es ist so bizarr.
Wohin vor ihnen nur fliehn?
Deinen Lebenssaft aus den Adern sie ziehn.
Nirgendwo bist Du vor Ihnen sicher,
in Deinen Ohren ihr hämisch´Gekicher.
Sie fühlen sich immer im Recht,
dem Bürger geht's hierbei zunehmend schlecht.
Ihr Ziel ist Dein frühzeitiger Tod,
geht es Dir gut, so sehen sie rot.
Lebst Du gesund, für sie viel zu lange,
erhöhn sie den Druck, es wird ihnen bange,
denn lebst Du ganz fröhlich und wirst auch noch alt,
wird's eng mit der Rente, dann machen´s Dich kalt.
Sozial und verträglich rechtzeitig ableben,
nach lebenslang Arbeit und viel zu viel Streben,
so sieht aus der Behörden Plan und Wille,
sonst gefährdet's der Oberen Fülle.
Also mein Freund, was ist die Moral?
Dem Staat, den Behörden, bist Du ganz egal!
Sie nehmen, was immer sie kriegen,
das ham´sie gemeinsam mit Gaunern und Dieben.
Sie plündern und zuzeln Dich vollständig aus,
kaum bist Du leer, dann spucken´s Dich aus.
Dann bist Du nicht länger von Nutzen und Wert,
dann wirst Du entsorgt, in die Grube gezerrt.
Dein zeitgerecht eintretendes Ende,
sichert Politik und Justiz das System einer Rente,
die eigentlich kaum mehr Einer erlebt,
weil dieser Staat ihn zu früh zerlegt.
Der Mensch, in Bilanzen ein Posten,

darf nach dem Gebrauch den Staat nichts mehr kosten.
Die Aktionäre sind geil auf Dividenden,
zu viele Gewinne aus blutigen Händen,
aber immerhin trägt's 'nen Zuwachs an Steuern,
für die Masse und Mehrheit unbegrenztes Verteuern.
Das Leben fast nicht mehr bezahlbar,
Aussicht auf Licht gibt's so nur im Wahljahr.
Da spezialisieren sich Regierung und alles Pack sehr
gerne auf's Lügen,
um des einfältigen Bürgers Stimme zu kriegen.
Nach der Wahl ist vor der Wahl,
Versprechen sind dann nur noch scheißegal.
Und wenn ein neuer Tag beginnt,
das Pack sich auf weiteres Plündern besinnt.
Am Besten noch fromm zum Himmel hoch beten,
dann frisch, fromm und fröhlich den Schwachen fest
treten.
Politik und Justiz, die Väter der Lüge,
ihre Behörden steh'n mit dem Bürger im Kriege.
Der Staat als Sieger steht fest,
da nützt dem Bürger auch nicht Protest.
Die Gier nach Geld, Gold und Macht,
den Teufel im Menschen ganz schnell entfacht.
Das Böse im Land scheint immer zu siegen,
das Gute im Menschen kommt ganz zum Erliegen.
Ach wüsste ich einen Weg 'raus,
zu fliehen aus diesem Irrenhaus.
Wo finde ich nur den »game-over«-Knopf?
Der Staat und sein Terror verwirr'n mich im Kopf.
Das ist doch gewünscht, nicht selber zu denken,
mit Spielen und Drogen vom Elend ablenken.

Sein Elend soll man gar nicht mehr spüren,
sich im Konsum und Kaufrausch verlieren,
berauscht von Dingen, die man nicht braucht,
ins Reich des Vergessens hinein tief getaucht.
Der Kater beim nächsten Wiedererwachen,
bekämpft mit Genuss neuer nutzloser Sachen.
Du drehst Dich als Mensch doch immer im Kreis,
und manchmal wirst Du gewahr dieses kompletten
Scheiß´.
Dabei willst Du nur eins: Ruhe und Frieden,
doch dieses ist Dir hier niemals beschieden.
Du denkst Dir, lasst mich einfach in Ruh´,
und macht über mir endgültig den Deckel zu.
Aber das Gesindel, Staat und Finanz,
lädt Dich ununterbrochen, unausweichlich zum Tanz.
Sie befehlen, Du tust Dich ducken,
dank ihrer Macht kein Murren und Mucken.
Gerechtigkeit? Was ist das? Hab´ich nie erlebt,
vor Zorn auf das Pack, jeder Muskel zittert und bebt.
Ich hoffe, sie kriegen die Pest,
für mich wär´das Freude und Anlass zum Fest.

Und was mir keiner wegnehmen kann,
sind meine Träume, dann und wann.
Da träum´ich von einer besseren Welt,
von Ruhe und Frieden, wie´s mir gefällt.
Da träum´ ich von Liebe und Licht,
und von einer ungehinderten Sicht,
auf ein gutes und glückliches Leben,
ich hoffe die Menschheit wird danach noch streben.

2

Nachdem wir uns mit dem Thema »Behörden und ihr Umgang mit dem Bürger« warm gelaufen haben, wenden wir uns dem umstrittensten Thema der Gegenwart in Deutschland zu, welches droht, das Land zu spalten; dieses mal mit einer unsichtbaren Mauer. Migration, Asyl, Flucht – Ursachen und Auswirkungen.

Kein Thema löst in der politischen und gesellschaftlichen Debatte soviel Kontoversen aus wie dieses. Bei keinem Thema zeigt sich unsere politische Führung so inkompetent, hilflos und handlungsunfähig wie hier. Bei keinem Thema gießen unsere Medien so lustvoll Öl ins Feuer wie hier, um die Stimmung der feindlichen Lager so richtig aufzuheizen. Bei keinem Thema zeigen sich die wahre Charakterhaltung und die moralischen Untiefen der Massenmedien so offen wie hier. Es geht den Massenmedien nur um Einschaltquoten und um die Deutungshoheit, die eigene Meinung als die eigentlich richtige unters Volk bringen zu wollen. Die Massenmedien bestimmen, welche Sau gerade durchs Dorf getrieben wird. Sie definieren das Feindbild, und ergötzen sich an der Jagd und dem Feuer, welches sie kräftig mit angefacht haben. Und immer hoffen sie, dass aus der Hetzjagd ein richtiger Krieg wird. Unglücks- und Kriegs geile Berichterstatter gibt es ja offensichtlich genug, die höchst motiviert von Unglück zu Unglück rennen und wichtigtuerisch darüber berichten. Und die eigentlichen Hauptpersonen dieser Tragik Komödie sind den Massenmedien im Grunde völlig egal, sie dienen nur als Mit-

tel zum Zweck. Diesen eigentlichen Hauptpersonen ist
das folgende Gedicht gewidmet:

Ich sitze hier und bin ganz traurig,
ich les' die news, die klingen schaurig.
Die Welt von Deppen wird regiert,
das Volk es hungert und krepiert.
Die Waffen der Deutschen kauft ein Scheich,
und macht die Lobby der Händler steinreich.
Mit diesen Waffen die Menschen dort sterben,
in Deutschland blüht Reichtum, woanders Verderben.
Weit weg von uns sterben Frauen und Kinder,
Die Lage prekär und täglich noch minder.
Dort lebst Du in Angst, was wirst Du jetzt machen?
Es ist unerträglich, Du packst Deine Sachen,
begibst Dich auf Reise, zum Frieden hin streben,
getrieben von Hoffnung auf besseres Leben.
Die Ironie ist, Du kommst zuletzt an,
in diesem Land, wo alles begann.
Du lässt Dich nieder und willst auch dort wohnen,
wo alles nach Geld strebt und Dir schickte Drohnen.
In der Kirche singen sie fromm ihre Lieder,
und bei dir zu Hause alles metzeln sie nieder.
Du siehst dich hier um, und Dich beschleicht das Ge-
fühl,
so toll läuft das auch nicht mit dem Asyl.
Wohin soll ich gehn, wo kann ich nur bleiben?
Egal wo ich bin, man will mich vertreiben.
Im Namen des »Einen« Gemetzel und Tod,
und mit jedem Tag wird größer die Not.

Du denkst, vor dem Herrn alle Menschen sind gleich,
zwar ist einer arm, der andere reich,
ob hell oder dunkel, man ist halt verschieden,
egal wer Du bist, Du willst doch nur Frieden.
In diesem die Menschen sich nicht unterscheiden,
erleben das Gute, das Elend vermeiden.
Der Reichtum der Erde für alle reicht,
gerechtes Verteilen fällt Vielen nicht leicht.
Doch wollen wir auf Erden weiter noch leben,
ist Eines von Nöten, dem Guten nach streben.
Sind wir bereit, zum Licht hin zu streben,
dann ist es auch möglich, hier weiter zu leben.

Und was ist die Moral von dieser Geschichte?

1. Trauen Sie niemals dem, was Ihre Augen in den Massenmedien sehen und Ihre Ohren hören. Ihr Gehirn lässt sich so leicht austricksen ohne dass Sie es merken! Sie sitzen vor der Glotze und haben den Eindruck: Ich war doch dabei, ich habe es mit eigenen Augen gesehen. Genau das sollen sie ja auch glauben, das ist Sinn und Zweck dieser Show.

2. Gehen Sie davon aus, dass 90% der von den Massenmedien präsentierten Informationen Müll sind und für Ihr persönliches Leben keine Bedeutung haben. Die Kunst und Herausforderung ist es, die 10% bedeutsamen und für Sie relevanten Informationen heraus zu filtern.

3. Lassen Sie sich von den Massenmedien nicht inst-
   rumentalisieren. Wer sich vor welchen Karren auch
   immer spannen lässt, hat schon verloren. Verweigern
   Sie diesen Meinungsführern aus Politik, Wirtschaft
   und Medienlandschaft Ihren Gehorsam.

4. Gehen Sie zu den Massenmedien auch mal auf Dis-
   tanz. Dies ist Balsam für Ihre Seele. Gönnen Sie sich
   den Luxus, nicht ständig online zu sein. Gönnen Sie
   sich den Luxus, gezielt und selbstbestimmt auch mal
   auf Informationen zu verzichten. Sie müssen nicht
   über alles informiert sein, die Welt dreht sich auch
   ohne Ihre Aufmerksamkeit weiter.

5. Bitte behalten Sie immer im Hinterkopf: die Menschen lassen sich letztendlich immer in 2 grund-
   sätzliche Kategorien einteilen: Arschlöcher und
   Nicht-Arschlöcher. Der Anteil an Arschlöchern be-
   trägt in der globalen Bevölkerung konstant ungefähr
   5%, unabhängig von Kultur, Hautfarbe oder Religion (davon 0,5 bis 1% Psychopathen und 4 bis 5%
   Leute mit antisozialer Persönlichkeitsstörung). Im
   Umkehrschluss heißt das, dass ungefähr 95% der
   Menschheit Nicht-Arschlöcher sind, also die absolute Mehrheit, ebenfalls unabhängig von Geschlecht,
   Hautfarbe, Religion oder Herkunft. Das Dumme
   ist nur, dass unsere unkritischen Massenmedien fast
   immer nur über die 5% Arschlöcher berichten, weil
   die für einen Großteil unserer globalen Probleme
   verantwortlich sind. Und beim hypnotisierten Zu-
   schauer entsteht der Eindruck, dass diese Minderheit

der Normalfall ist. Und dieser Eindruck sorgt für ein konstantes Niveau von globaler Angst und Stress. Machen Sie sich also immer wieder bewusst: 95% der Menschen sind völlig normal und ungefährlich.

3

Jetzt wenden wir uns einem meiner Lieblingsthemen zu, der Rolle der Juristen in unserer Gesellschaft. Für wie notwendig halten Sie Juristen in unserer Gesellschaft? So zweckmäßig wie Fußpilz und Pest? Oder: lieber wäre mir ein Leben ohne sie, aber man braucht sie halt? Werfen wir doch einen Blick auf beide Seiten der Medaille.

Unstrittig ist die Tatsache, dass kaum eine andere Berufsgruppe unser Alltagsleben so nachhaltig – nicht immer vorteilhaft – beeinflusst hat. Ein im Sommer 2018 veröffentlichter Artikel der Augsburger Allgemeinen Zeitung berichtete, dass es in Augsburg mit etwas weniger als 300.000 Einwohnern insgesamt mehr als 1.100 Rechtsanwälte gibt! Da sind Staatsanwälte und Richter sowie Juristen in Behörden und bei Firmen überhaupt nicht mit eingerechnet. Die wollen alle Geld verdienen. Die wollen nicht spielen, die meinen es ernst. Und womit verdienen sie Geld? Richtig, mit Problemen, die wir ohne diese Berufsgruppe möglicherweise gar nicht hätten. Um Depressionen zu vermeiden, habe ich meine Meinung zu diesem Thema wieder einmal in Reimform gezwungen.

Für mich steht außer Frage,
Juristen sind 'ne Plage.
Sie leben von der Menschen Streit,
sie schüren ganz gezielt den Neid.
Geschieht dem Menschen mal ein Leid,
ist der Jurist zur Klage stets bereit.

Von Frieden will er gar nichts wissen,
der Mensch in Harmonie, das ist beschissen.
Das Ziel ist, Streitsucht breit zu streuen,
das tut des Anwalts Herz so recht erfreuen.
Er sucht von früh bis spät mit einer Lupe,
ganz gezielt das Haar in jeder Suppe.
Je schlimmer wird im Land gestritten,
je mehr verfall'n Moral und Sitten,
desto mehr der Anwalt kann erreichen,
er geht dabei auch über Leichen.
Gehst Du zum Anwalt zum Beraten,
steht schon mal fest, Du hast den Schaden.
Ob er den Prozess verliert oder gewinnt,
ist ganz egal, Dein Geld er nimmt.
Du zahlst die Zeche, das steht fest,
die ruinöse Rechnung gibt Dir den Rest.
Der Anwalt steckt die Kohle ein,
vertritt auch ohne Skrupel das größte Schwein.
Ob Raub, ob Diebstahl oder Mord,
er nimmt das Geld dem Klient fort.
Moral und Ethik überschätzt,
der Anwalt stets die Messer wetzt.

Er mehrt das Elend und die Not,
nimmt Haus und Heim und auch das Brot.
Er interessiert sich nicht für`s schlichten,
hier müssen Andere am Schluss dann richten.
Justiz schafft niemals Recht,
der Bürger vor Gericht hat`s schlecht.
Der Bürger will Gerechtigkeit erreichen,
der Staat erlässt Gesetze, stellt die Weichen,

Gerechtigkeit interessiert hier Keinen,
nur tut`s der dumme Bürger meinen.
Gesetze folgen oft dem Geldfluss,
deshalb der Bürger hält`s für Stuss.
Gesetze soll`n den Bürger zwingen,
soll`n ihm verwehr'n die Lust am Ringen,
um Frieden und Gerechtigkeit,
statt dessen dort macht Frust sich breit.
Der Bürger sehnt nach Fairness sich,
der Staat im Traum nicht denkt an Dich.
Der Name sagt`s, die Staatsgewalt,
macht auch vor Deiner Tür nicht halt.
Für alles gibt es enge Regeln,
ob für die Arbeit oder Segeln,
ob im Beruf oder privat,
was richtig ist, diktiert der Staat.
Gesetze aus der Lobby Hand,
den Weg in das Gesetzbuch fand.
Das Gift auf unsern Äckern,
bringt Menschen zum Verrecken.
Auch Gift und Dreck als Medikament,
gesund und notwendig man's nennt.
Manipuliert werd'n auch die Gene,
das Fluor macht kaputt die Zähne.
Egal wie schädlich oder tödlich,
laut dem Gesetz ist alles redlich.
Ob im Gericht, ob bei Behörden,
nur als Jurist kannst Du was werden.
Gelernt hast Du nur klug zu reden,
dem Bürger vor Gericht bleibt nur noch beten.
Das Leben hat Dich hart gelehrt,

Gerechtigkeit bleibt Dir verwehrt.
Was Unrecht ist wird plötzlich richtig,
der Richter fühlt sich ganz arg wichtig.
Ob Du bist Frau, ob Du bist Mann,
gegen den Jurist kommt keiner an.
Ein Krebsgeschwür im Staate,
ein Leben wie im Speck die Made,
die Pest in der modernen Zeit,
so machen sich Juristen breit.
Wenn's irgendwo harmonisch ist,
kommt der Jurist und denkt sich: Mist!
Den Streit muss ganz schnell ich hier sähen,
dann kann die Ernte ich bald mähen.
Hat unser Bürger kein Problem im Leben,
der Jurist nach Abhilfe tut streben.
Er säat gezielt Neid, Hass und Zwietracht,
ist dann der Streit im Gang, kommt's prompt zur
Schlacht.
Am Streit schuld ist der Paragraphenreiter,
von Instanz zur nächsten geht er weiter.

Ein happy end ist nicht in Sicht,
der Bürger ist ein armer Wicht.
Jurist: Du bist für mich die Pest,
unsrer Gesellschaft gibst Du den Rest.
Zur Zeit ist Jeder gegen Jeden,
erst vor Gericht die Menschen reden.
Des einen Freud, des andern Leid,
die Lösung des Problems ist weit.
Bedenke Anwalt und auch Richter,
die Menschen brauchen keinen Schlichter.

Die Menschen wollen Recht und Frieden,
sie sind ganz lieb, wenn ihnen dies beschieden.
Juristen, sorgt für Recht,
dann geht's den Leuten nicht so schlecht!

Juristen in der Legislative, Juristen in der Exekutive, und Juristen in der Judikative. Das kann ja nicht gut gehen. Was ist in den letzten Jahrzehnten passiert? Es kam zu einer schleichenden »Verrechtlichung der Verhältnisse«. Leute, die nichts außer Paragraphen gelernt haben, haben sich wie ein wucherndes Krebsgeschwür in unseren gesamten Alltag hineingefressen. Und wie ein wucherndes Krebsgeschwür zerstören sie langsam aber sicher ihren Wirt. Also unsere Gesellschaft. Alles ist bis ins Detail hinein geregelt, alles von Vorschriften zersetzt, deren Sinnhaftigkeit sich ebenso wie die gelebte Rechtsprechung nicht zwingend spontan dem gesunden Menschenverstand erschließt. Und regelhaft massiv unser natürliches Rechts- und Gerechtigkeitsempfinden verletzt. Aber hier stellen die Juristen klar: »Unsere Aufgabe ist es, den bestehenden Gesetzen Genüge zu leisten«. Gerechtigkeit, Moral und Ethik sind hier völlig egal. Und wie kommen diese Gesetz zustande, denen die ständige Rechtsprechung folgt (wobei es sich meiner Meinung nach überhaupt nicht um »Rechtsprechung« im bürgerlich wörtlichen Sinn handelt. Juristen neigen bekanntlich dazu, alltäglichen Wörtern eine ganz eigene Bedeutung zu verleihen, welche komplett von unserem bürgerlichen Verständnis dieser Worte abweicht!)? Klar, die Gesetze kommen durch die Legislative im Bundestag zustande. Und hier gilt wieder das alt-bekannte Motto: wenn Du die Gesetzgebung verstehen willst, dann folge dem Geldfluss. Und so kommt es, dass zum Beispiel Verbraucherschutz bedeutet, dass die finanziellen Interessen der Industrie vor den Interessen der Verbraucher geschützt werden und nicht umgekehrt. Und Staatsgewalt bedeutet dementsprechend, dass der Staat gegen aufmüpfige Bürger, die von ihrem Recht auf freie Meinung Gebrauch machen wollen, Gewalt anwendet, und das Äußern einer eigenen Meinung dann ganz gerne mal bestraft wird. Das hypothetische Recht auf freie Meinung ist das Eine, aber die konkrete Absicht der tatsächlichen Inanspruchnahme, das muss nun doch im Zweifelsfall bei Abweichung von der »political correctness« und den Vorgaben der Mainstreet-Medien unterbunden werden. So wird eine Gesellschaft mit Zwang umerzogen zu einem Heer von Heuchlern und Lügnern. Denn wer will denn schon für die Äußerung seiner freien Meinung vom Staat bestraft werden (wenn man nicht schon vorher auf dem Scheiterhaufen der Medien verbrannt wurde). Uns so kommt es, dass wir zahlreiche Probleme im Land zu lösen haben, die wir ohne Juristen gar nicht hätten. Welch eine gigantische Ressourcenverschwendung, welch ein volkswirtschaftlicher Schaden. Massen von Geld werden hier sinnlos durch Prozesse verbrannt. Geld, mit dem man die echten Probleme problemlos lösen könnte. Und zusätzlich sind die Juristen für den Normalbürger und seine Lebensqualität echte Stimmungskiller. Eine Spaß befreite Zone. Und wir wundern uns über die stetig wachsenden Zahlen an Einsamkeit und Depression erkrankter Menschen. Medizinisch betrachtet, sollten Juristen eigentlich als Risikofaktor für Herz-Kreislauferkrankungen in die aktuellen Leitlinien der medizinischen Fachgesellschaften aufgenommen werden. Aber da hilft dann ja gerne im eingetretenen Krankheitsfall– völlig uneigennützig – »big Pharma« aus.

Was können Sie also tun, um die Dauerbevormundung durch Juristen in unserem Land einzudämmen?

1. Gewalt ist niemals eine Lösung. Bleiben Sie sachlich und friedlich, auch wenn es manchmal schwer fällt. Nur im Zustand der Ruhe steht in Ihnen Ihr Denkapparat zu 100% zur Verfügung. Im Stresszustand geht Ihre mentale Kapazität steil nach unten. Unter Stress steigt die Wahrscheinlichkeit, Fehler zu begehen, steil an.

2. Denken Sie immer daran: auch der Jurist ist ein Mensch (wirklich!) mit einer typisch menschlichen Bedürfnisstruktur. Auch ein Jurist will im Grunde seines Herzens Frieden und Sicherheit, Geborgenheit, Gesundheit und Fülle. Auch ein Jurist will geliebt werden (liebe Christen: da könnt Ihr mal Eure Nächstenliebe-Muskeln trainieren; das ist eine Herausforderung für Fortgeschrittene, nichts für Anfänger).

3. Bei Unstimmigkeiten mit Juristen und Auseinandersetzungen gilt: schöpfen Sie die Ihnen zustehenden Rechtsmittel aus. Auch Juristen können verklagt

werden. Auch gegen Juristen in Ämtern können Sie eine Dienstaufsichtsbeschwerde einreichen.

4. Willkür sollten Sie auf keinen Fall hinnehmen und dulden. Laut Grundgesetz ist die Würde des Menschen unantastbar. Leisten Sie gegen offensichtliches Unrecht friedlichen Widerstand im legalen Bereich. Juristen können erstaunlich oft mit ihren eigenen Waffen geschlagen werden, da sie sich mit Gesetzen, Verordnungen und der ständigen Rechtsprechung verblüffend einseitig auseinander setzen und davon ausgehen, dass andere Juristen zwingend zu den gleichen Schlussfolgerungen und Ergebnissen gelangen. Dabei gilt: 3 Juristen, 5 Meinungen.

5. Wenden Sie sich immer wieder mit konkreten Anliegen und Fragen zu Gesetzen und Bestimmungen sowie Anregungen zur Förderung des Gemeinwohls an Ihre/n zuständigen und somit verantwortlichen Bundestagsabgeordnete/n. Ebenso natürlich an den oder die Landtagsabgeordnete/n. Diese wurden von Ihnen gewählt und haben die Interessen der Bürger zu vertreten. Laut Grundgesetz geht alle Macht vom Volk aus. Sie sind als Bürger der Souverän, der Abgeordnete der Diener. Bringen Sie das immer wieder höflich, aber bestimmt in Erinnerung. Erinnern Sie auch immer wieder an die nächsten Wahlen!

6. Nutzen Sie die Möglichkeit, sich legalen Kampagnen anzuschließen wie zum Beispiel Petitionen, Demonstrationen, Anträge zu Volksentscheiden usw . Nur

gemeinsam ist man stark. Mit diesen Kampagnen und der Kraft der Masse konnte schon viel bewegt werden. Selbst Konzerne gingen durch Boykotte der Kunden schon in die Knie.

7. Sagen Sie auch mal danke! Immerhin haben wir in Europa (trotz Juristen und Politikern) schon seit langem Frieden und jammern auf hohem Niveau!

4

Jetzt muss ich mal ein paar Worte verlieren über das Thema Bevormundung hinsichtlich unserer Gesundheit.

Im Bereich Gesundheit gibt es so viele selbst ernannte Experten, die uns ungefragt mit ihren schlauen Ratschlägen terrorisieren, wie in keinem anderen Bereich unseres Alltags. Wir werden zugemüllt mit Vorgaben, was wir essen sollen uns was nicht, bis uns der Appetit vergeht. Wenn dann der Appetit weg ist, beglückwünschen uns die Experten, weil Fasten ja so gesund ist. Es ist auch überhaupt kein Problem, dass die Expertentruppe sich beim Thema Ernährung komplett widerspricht und ein Feld der mentalen Verwüstung und globalen Verunsicherung hinterlässt. Das Heer der Experten überhäuft uns mit Tipps, wie und wie oft wir uns bewegen sollen. Sie haben bestimmt schon die aktuelle Weisheit mitbekommen, dass Sitzen als das neue Rauchen bezeichnet wird bezüglich des Risikos Herz-Kreislauferkrankungen zu entwickeln. Man schreibt uns vor, wie hoch unser Blutdruck, unser Cholesterin und unser Blutzucker sein darf.

Durch den durch diese Botschaften verursachten Stress könnte man fast täglich eine krisenhafte Blutdruckerhöhung erleiden, die es ja bekanntlich zu vermeiden gilt. Genauso gilt es natürlich den chronischen belastenden, und somit ungesunden Stress zu vermeiden, der ein größerer Risikofaktor ist für die Entstehung von Herz-Kreislauferkrankungen als Bluthochdruck, Diabetes mellitus und Rauchen zusammen. Aber bitte machen Sie sich keinen Stress mit dem Versuch chronischen Stress zu vermeiden, da dieser Stress ja nicht gesund für Sie ist. Als kurze Merkregel gilt: alles, was gut schmeckt und Spaß macht, ist ungesund und somit verboten! Nach Ansicht der Experten. Schreiben Sie sich das hinter die Ohren und halten Sie sich vor allem daran!

Apropos! Wissen Sie eigentlich, auf welche Art und Weise diese ganzen Grenzwerte, an die Sie sich halten sollen, zustande kommen? Sie glauben doch nicht im Ernst, das diese Zahlen und Vorgaben das Ergebnis seriöser wissenschaftlicher Untersuchungen darstellen. Nein, nicht? Das haben Sie doch wohl nicht im Ernst geglaubt? Wenn diese ganzen Zahlen stimmen sollten, wäre die Menschheit schon längst ausgestorben und wir wären alle kollektiv krank und behandlungsbedürftig. Na, worum geht es denn hier wirklich? Cui bono? Wem nützt es? Mein Ratschlag: folgen Sie auch hier dem Geldfluss, um zur Wahrheit zu gelangen! Ich drücke es mal drastisch aus: die Wissenschaft ist eine Hure und gibt sich dem willig hin, der sie bezahlt! Kein Mensch ist an Ihrer Gesundheit und Ihrem Wohlbefinden interessiert. Damit lässt sich kein Geld verdienen. Der Trick ist so primitiv und liegt so klar vor Augen, dass man es nicht glauben möchte. Was so einfach ist, kann doch gar nicht wahr sein. Und doch ist des Rätsels Lösung ganz simpel.

Durch ständige Korrektur und Erniedrigung der vorgeschriebenen Grenzwerte werden ganze Massen gesunder Menschen zu behandlungsbedürftigen Kranken umgedeutet und sollen plötzlich jede Menge Pillen schlucken gegen die neu erfundenen Krankheiten. Ganz getreu dem Motto: habe ich erst ein Produkt, welches ich vermarkten will, finde ich auch die hierzu passenden Krankheiten.

Ganz nebenbei: in den USA sind Arzneimittelnebenwirkungen auf Platz 4 der Todesursachenstatistik angelangt (!); 7% der Krankenhausaufenthalte in den USA sind durch Nebenwirkungen oder Zwischenfälle der Therapie mit Arzneimitteln bedingt! Ich würde mal davon ausgehen, dass diese Zahlen auch bei uns nicht viel von den amerikanischen Zahlen abweichen.

Also Vorsicht mit sogenannten Grenzwerten! Übrigens: bezüglich hoch giftiger Substanzen in Luft, Nahrungsmitteln, Böden und Wasser läuft das mit den Grenzwerten genau umgekehrt. Da dürfen die Grenzwerte gerne sehr hoch liegen. Sie erinnern sich: Verbraucherschutz bedeutet den Schutz der Industrie vor den Interessen der Verbraucher.

Fragen Sie also immer, wenn Ihnen hier durch das Kartell der Bevormunder eine neue Pille verpasst werden soll, nach 3 Zahlen, um den möglichen Nutzen einer Behandlung für Sie ganz persönlich und die eventuellen Risiken einschätzen zu können. Immerhin geht es um Ihre Gesundheit und Ihr Leben. Da müssen Sie lernen, Ihre Interessen auf Platz 1 der Wertehierarchie zu befördern; die Gewinne der Unternehmen und die Dividenden der Aktionäre sind für Ihre Gesundheit und Ihr Wohlbefinden völlig irrelevant. So wie für die Unternehmen und die Aktionäre die Gesundheit des Kunden und Sein Wohlbefinden völlig egal sind.

Zahl Nummer 1, die Sie immer verlangen sollten, ist die sogenannte »number needed to treat (abgekürzt NNT)«. Wie viele Patienten müssen mit dem Wirkstoff beziehungsweise mit der Maßnahme in einem definierten Zeitraum behandelt werden, damit bei Einem (1!) der gewünschte Effekt auftritt. Seien Sie nicht über die Zahlen überrascht; der positive Effekt der meisten Arzneimittel wird von den Patienten sehr stark überschätzt.

Zahl Nummer 2 ist die sogenannte »number needed to harm (abgekürzt NNH)«. Wie viele Patienten müssen in einem definierten Zeitraum behandelt werden, damit bei Einem eine relevante Nebenwirkung auftritt. Kleiner Tipp: nicht überrascht sein, wenn die Anzahl der Nebenwirkungen gar nicht so selten deutlich höher liegt, als die Anzahl der positiven Wirkungen (das heißt, die NNT ist relativ hoch, die NNH ist relativ gering).

Zahl Nummer 3 ist die sogenannte »absolute Risiko-Reduktion (abgekürzt AAR). Ganz wichtig: lassen Sie sich nie mit der auf den ersten Blick beeindruckend klingenden sogenannten »Relativen Risiko-Reduktion (abgekürzt RRR) abspeisen! Die Prozentzahlen, die von der Pharmaindustrie stolz in Hochglanzprospekten präsentiert werden, stellen quasi immer die RRR dar und klingen für den Laien toll. Mit Medikament A 20% weniger Herzinfarkte! Wie geil ist das! Da klingt es aber gleich weniger geil, wenn ich zur Kenntnis nehme, dass mit diesem Medikament A, wenn es täglich von 10.000 Patienten nach einem Herzinfarkt eingenommen wird, nur 4 erneute Infarkte innerhalb eines Behandlungsjahres bei diesen Menschen auftreten; und ohne Einnahme von Medikament A 5 von diesen 10.000 Patienten einen erneuten Infarkt innerhalb dieses Behandlungsjahres erleiden. Klingt doch ganz anders. Sehr viel weniger beeindruckend als die 20% (mathematisch korrekte) relative

Risiko-Reduktion. So führt man Menschen ganz legal und ungestraft mit Zahlen an der Nase herum.

Und wenn Sie dann noch zur Kenntnis nehmen, dass bei einem von zwanzig mit diesem Medikament A behandelten Patienten eine relevante Nebenwirkung auftritt (in Zahlen: das macht bei 10.000 Patienten innerhalb diese Behandlungsjahres immerhin stolze 500 aus!), dann sollten Sie sich die mögliche von Experten empfohlene Einnahme dieses Medikaments sehr gut überlegen.

Übrigens: bei Grenzwerten bezüglich der Belastung mit Substanzen, die für uns gefährlich sind, können unserem fürsorglichen um unser Wohl besorgten Gesetzgeber die vorgeschriebenen Grenzwerte gar nicht hoch genug sein! Diesen Sachverhalt wiederhole ich sehr gerne, nicht als Bevormundung, sondern als Gedächtnisstütze.

Und jetzt zu den nächsten medizinisch höchst umstrittenen Ratschlägen: die sogenannten Vorsorge Untersuchungen, welche Sie nach Meinung der Expertenriege regelmäßig durchführen lassen sollten. Hier lohnt bereits ein Blick auf die Macht der Manipulation durch eine geschickte Wortwahl. Das Wort Vorsorge ist sprachlich komplett daneben! Sie können mit keiner »Vorsorge Untersuchung« dieser Welt den Eintritt eines unerwünschten gesundheitsbezogenen Ereignisses verhindern.

Genau so wenig wie eine Lebensversicherung Ihren Tod verhindert und Sie ewig leben. Sprachlich korrekt ist also allenfalls der Begriff »Früherkennung«.

So, das wäre schon mal geklärt. Jetzt denken Sie sich aber: wenn mir der Markt der medizinischen Möglich-

keiten schon so penetrant diese Maßnahmen empfiehlt,
dann gibt es da doch sicher einen unstrittigen Nutzen?
Ja und nein. Einen Nutzen gibt es natürlich schon, aber
doch nicht für Sie. Oder haben Sie das wirklich ernst-
haft geglaubt? Der Nutzen liegt hier eindeutig auf Seiten
der anbietenden Gesundheitsindustrie. Sie werden nur
gebraucht, um mit Ihnen Geld zu verdienen. Diese fas-
zinierende Wissenschaft der Nutzbarmachung der Menschen zum Zwecke der Gewinnmaximierung hat auch
einen netten neudeutschen Namen: »human ressources
research«. Ist so menschlich, wie es klingt.

Von allen verfügbaren und angebotenen Vorsorge-
untersuchungen existiert nur eine einzige Leistung mit
zweifelsfrei dokumentiertem Nutzen für Sie und unter-
mauert mit belastbaren Zahlen: die Darmspiegelung
(zahlenmäßig ist der Nutzen nicht gigantisch, aber mathematisch sauber belegt; Sie erinnern sich: wird diese
Leistung angeboten, dann fragen Sie konkret nach den
3 magischen Zahlen NNT, NNH und ARR!). Für alle
anderen Angebote des reichlich gefüllten Sortiments der
Gesundheitsindustrie gibt es keine hinreichend belastbaren Zahlen, welche einen Nutzen für die Patienten/
Versicherten ohne jeden Zweifel belegen könnten! Was
im Einzelfall Vater Staat aber nicht davon abhält, die
Nichtdurchführung zum Beispiel finanziell zu sanktio-
nieren (Stichwort Mammographie und festgehaltene
Sanktionen im fünften Sozialgesetzbuch; so sieht durch
Vater Staat gelebte Bevormundung aus).
Wenn Sie sich für dieses Thema näher interessieren,
darf ich auf die zahlreich zu diesen Themen erschienenen

Sachbücher verweisen, in denen Sie die konkreten Zahlen für jede einzelne Leistung nachlesen können. Zum Thema PSA in der Prostatakrebs-Früherkennung und Mammographie bei Brustkrebs finden Sie die exakten Zahlen auch im deutschen Ärzteblatt veröffentlicht.

Es ist übrigens kein Qualitätskennzeichen einer angebotenen Leistung, ob Sie diese selber bezahlen müssen oder ob die Kosten von Ihrer Krankenkasse übernommen werden. Ihre Krankenkasse gibt – zum Teil auf Grund staatlicher Bevormundung – jede Menge Geld für Sinn befreite Leistungen aus, die aber möglicherweise politisch opportun sind oder aus Marketinggründen den Versicherten angeboten werden, um sich von Mitbewerbern zu unterscheiden. Also trifft Bevormundung nicht nur Einzelpersonen, sondern auch komplette Institutionen. So kann zum Beispiel eine schwachsinnige Bevormundung von Seiten der EU zu einer erzwungenen Bevormundung einfacher Bürger und Institutionen in Deutschland führen, wegen vorgeschriebener Umsetzung der erzwungenen Bevormundung im zuständigen jeweiligen Landesparlament. Also indirekt angeordnete Bevormundung durch das »Top-Down-Prinzip«.

Was können Sie gegen dieses Kartell der Bevormundung unternehmen?

1. Überprüfen Sie selbst alle Informationen auf deren Wahrheitsgehalt (nochmals zur Erinnerung: die 3 Pflichtkennzahlen Number Needed to Treat, Number Needed to Harm und Absolute Risiko-Reduk-

tion) und im Hinblick auf die Zuverlässigkeit der Quelle (Wissenschaftler sind verpflichtet, bei allen Veröffentlichungen konkret ihre möglichen Interessenskonflikte darzulegen.) Sie erinnern sich: um zur Wahrheit zu kommen, müssen Sie immer nur dem Geldfluss folgen. Egal, ob es um Medikamente geht, oder Impfungen , oder Operationen, oder unsere Ernährung, oder um belastende Diagnostik. Es ist Ihr Körper! Nur Sie entscheiden, was damit passiert oder auch nicht! Nur Sie ganz allein haben die Entscheidungshoheit! Seien Sie misstrauisch und sehr vorsichtig, wenn keine belastbaren Zahlen existieren oder Ihnen vorenthalten werden.

2. Stellen Sie sich immer die Frage: cui bono? Wem nützt das Angebot? Sehr kritische Marktbeobachter neigen zu der Devise: »Kaufen Sie kein Produkt, für welches Werbung gemacht wird«. Meiner Meinung nach kann es nicht schaden, diese Devise zumindest im Hinterkopf zu behalten. Sie wissen, durch Werbung sollen in Verbindung mit dem umworbenen Produkt in Ihrem Kopf positiv besetzte Emotionen fest verankert werden. Man könnte auch sagen: Werbung verkauft nur die Aussicht auf das Erlebnis angenehmer Gefühle durch den Besitz des Produkts.

3. Akzeptieren Sie keine selbsternannten Autoritäten und/oder Experten. Informieren Sie sich selbst. Keiner kennt Ihren Körper so gut, wie Sie selbst. Wenn Sie von einem Angebot nicht überzeugt sind, dann lassen Sie die Finger davon.

4. Beobachten Sie sich selbst – ohne Zwang und Stress – im Hinblick auf die Frage: was tut mir gut, was schadet mir? Entwickeln Sie hierbei ein Gespür für Ihren Instinkt und Ihre Intuition. Beides ist auch in Ihnen vorhanden, will aber geschult und trainiert werden.

5. Fliehen Sie, wenn Ihnen jemand unseriöse gesundheitliche Versprechungen macht, die Sie viel Geld kosten.

6. Denken Sie daran, dass wir Menschen nicht alle gleich sind. Was dem Einen gut tut, kann dem Anderen schaden. Nicht alles nützt oder schadet in gleicher Weise. Werden Sie Ihr eigener Experte.

7. Werfen Sie einen Blick auf Ihre Vorfahren und nächsten Verwandten. Hatten diese besondere Krankheiten? Haben Sie Informationen, was diesen gut tat oder immer noch tut, und was sie möglicherweise vermieden (bei lebenden Verwandten was diese immer noch meiden. Oft verbergen sich hier eventuell wertvolle Informationen hinter schrullig wirkenden Eigenheiten: das schmeckt mir nicht; das habe ich noch nie gemocht; wie kann man nur .....tun? Usw.).

8. Lassen Sie sich keinesfalls, egal von wem, bevormunden! Finden Sie Ihren eigenen Weg, der sich für Sie stimmig anfühlt. Und vermeiden Sie den Hang zur Perfektion. Wenden Sie auch bezüglich Ihrer Gesundheit das GSP-Prinzip an (»gut-statt-perfekt«).

Versuchen Sie nicht zwanghaft gesund zu sein. Immer locker bleiben.

9. Lesen Sie immer wieder mal die Gedichte von Eugen Roth! Humor ist gesund und fördert das Wohlbefinden. Außerdem sehen Sie beim Lesen dieser Gedichte, dass manche Themen im Bereich Gesundheit quasi zeitlos sind. Deshalb habe ich hier auch auf ein eigenes Gedicht verzichtet. Eugen Roth kann man nicht übertreffen.

5

Das Beste kommt zum Schluss. Die Bevormundung durch Religion und Kirche. Für mich ein Lieblingsthema.

Seit Urzeiten versuchen selbsternannte religiöse Oberhäupter den Menschen ihr persönliches Weltbild aufzuzwingen. Bis zum heutigen Tag werden wir von der Geburt weg von den Religionen, in die wir hinein geboren werden, geformt und unter Druck gesetzt. Die Oberhäupter der Religionen beanspruchen für sich die Deutungshoheit darüber, wer oder was Gott ist, und wie wir uns zu verhalten haben. Jede Religion beglückt ihre Mitglieder, gefragt oder ungefragt (wie zum Beispiel bei der Zwangstaufe und somit Zwangsmitgliedschaft als Säugling oder im Rahmen ritueller Beschneidungen) mit einer Fülle von Ratschlägen, Vorschriften, Ge- und Verboten. Tu dies und Du kommst in den Himmel, wo auf Dich die Glückseligkeit wartet, und lasse jenes, sonst kommst Du in die Hölle, wo ewige Qual und Pein auf Dich warten.

Jetzt mal ganz ehrlich: Gott gibt es nur einen (eine?). Dafür gibt es aber erstaunlich viel sich diametral widersprechendes Bodenpersonal, welches das Allwissen gepachtet haben will. Und gerne auch bereit ist, die eigene Version der Wahrheit mit Gewalt nachdrücklich zu verteidigen und beim einfachen Gläubigen durchzusetzen. Und Gott selbst? Kann sich vielleicht nicht mehr um seine Schöpfung kümmern, weil er (sie?) vor lauter Brechreiz wegen der Dummheit und Ignoranz seines Bodenpersonals nicht mehr von der himmlischen Kloschüssel weg kommt. Gott fragt sich wahrscheinlich jeden Augenblick, was da auf der Erde schief läuft und ob bei uns eine globale spirituelle Demenz ausgebrochen ist. Gott, der Chef persönlich, bevormundet die Menschen nicht! Das macht nur sein Bodenpersonal, natürlich ohne Rücksprache mit der Chefetage. Gott übt gegenüber Menschen keinen Zwang aus. Gott stößt auch keine Drohungen aus. Das macht nur sein verselbständigtes Bodenpersonal. Gott weiß nichts von einer Hölle. Dieses Märchen stammt nur von kranken Hirnen, die Macht über die Gläubigen ausüben wollen. Im Gegensatz zu seinem Bodenpersonal meint es Gott gut mit uns. Während das irdische Bodenpersonal leider oft üble Absichten im Herzen trägt, möchte Gott, dass es uns gut geht, dass wir gesund sind und friedlich zusammen in Fülle leben. Gott bevorzugt niemanden und schließt niemanden aus. Diese Eigenschaften sehen wir nur beim Bodenpersonal. Für Gott gibt es bezüglich der Entwicklung der Menschen nur eine Richtung: vorwärts und aufwärts. Das Bodenpersonal will uns klein halten, will dass wir uns hilflos und ohnmächtig einem unberechenbaren Gott ausgeliefert fühlen. Und wir sollen unsere Macht an das Bodenpersonal abgeben, damit dieses uns – vorausgesetzt wir gehorchen – vor dem nicht existierenden Zorn Gottes beschützen kann und unser Seelenheil verwaltet. Meine lieben Mitbürgerinnen und Mitbürger gleich welcher Religion, gleich welcher Kultur, gleich welcher Ethnie: machen Sie dieses Spiel nicht länger mit! Hören Sie auf Ihr Herz und treten Sie ohne Umwege ein in Ihren Status als Kind Gottes. Nehmen

Sie Ihr Geburtsrecht als Königskind wahr. Glauben Sie nur das, was sich – ohne Zwang und Druck von außen – richtig und stimmig anfühlt.

Kommunizieren Sie selbst mit der Chefetage. Sie brauchen dafür keinen irdischen Vermittler oder Stellvertreter. Akzeptieren Sie die Tatsache, dass der Ort, an dem Sie sich gerade befinden, heiliger Boden ist. Weil Sie von Ihrer Natur her heilig sind in den Augen Gottes. Und weil die Allgegenwart Gottes auch genau da in Fülle präsent ist, wo Sie sich gerade befinden. Der Schöpfer verwirklicht sich in Ihnen als Sie. Sie müssen sich also nicht an einen spirituellen Ort begeben oder ein spezielles Ritual vollziehen, um die manifeste Gegenwart Gottes zu erleben.

Sie müssen sich nicht im Außen verlieren, um ein Leben in Freude, Fülle, Frieden, Lust und Liebe zu erfahren, weil das Reich Gottes in Ihrem Inneren lebendig ist, und Sie alle Reichtümer aus dieser inneren Wirklichkeit freisetzen dürfen.

Fühlen Sie sich willkommen auf der Erde. Wenn Gott Sie nicht wollte, dann gäbe es Sie gar nicht. Ihr Wert besteht bereits bewiesen in der Tatsache Ihrer Existenz. Schütteln Sie jede Bevormundung ab, und geben Sie sich der beständigen Erfahrung des getragen Seins, des beschützt Seins und des versorgt Seins hin. Sie sind vom Schöpfer geliebt und gesegnet, weil es Sie gibt.

www.ingramcontent.com/pod-product-compliance
Lightning Source LLC
Chambersburg PA
CBHW051926250726
48659CB00002B/860